LA BARRIÈRE

DU COMBAT,

OU

LE THÉATRE DES ANIMAUX,

DEUX TABLEAUX MÊLÉS DE BÊTES ET DE COUPLETS,

PAR

MM. CHARLES, ADOLPHE ET JULIEN;

REPRÉSENTÉS, POUR LA PREMIÈRE FOIS,
SUR LE THÉATRE DES VARIÉTÉS,
LE 4 AOUT 1829.

PRIX : **1** FR. **50** C.

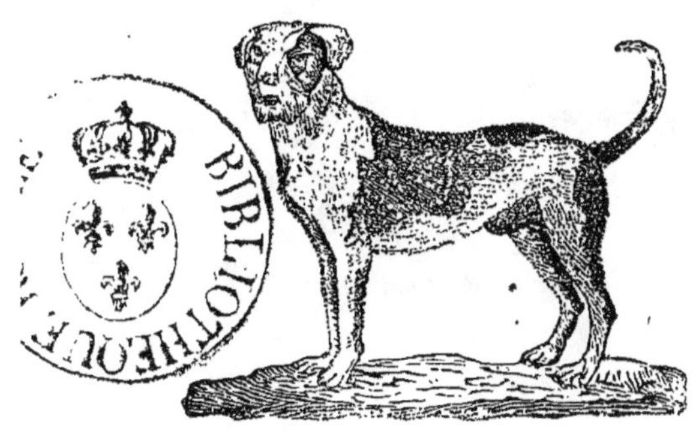

PARIS.

Chez R. RIGA, ÉDITEUR,

FAUBOURG POISSONNIÈRE, Nº 1 ;

ET LEVAVASSEUR, LIBRAIRE, PALAIS-ROYAL.

1829

PERSONNAGES.	ACTEURS.

BERNARD, dit *Goliath*, premier garçon de la ménagerie de la barrière du Combat . . . . M. ODRY.

PROSPER, garçon surnuméraire. . . . . . M. ALPHONSE.

M. DESJARDINS, naturaliste et amateur, habitant de Pantin . . . . M. BRUNET.

GOICHOT, garçon boucher . . . . M. LEFÈVRE.

ACHILLE, neveu de madame Hubert. . . . { M. LHÉRIE. / M. LÉOPOLD.

Madame HUBERT, voisine de M. Desjardins. . { Mᵐᵉ VAUTRIN. / Mᵐᵉ FERVILLE.

MATHILDE, sa fille, personnage muet. . . . Mˡˡᵉ DUPUIS.

ROSE, fille de Bernard. . . . . . , . . Mˡˡᵉ AUGUSTINE.

Une Dame Portugaise, personnage muet. . . Mˡˡᵉ VICTORINE.

Deux Spectateurs parlans . . . . { M. GEORGES. / M. BÉGAT.

Garçons.

Musiciens.

Spectateurs, Peuple, etc.

(*La scène se passe à la barrière du Combat.*)

IMPRIMERIE DE DAVID,
Boulevard Poissonnière, n. 6.

LA BARRIÈRE
DU COMBAT.

●●●

PREMIER TABLEAU.

(Le théâtre représente au fond la façade de l'établissement ; à côté de la porte, le bureau où l'on prend les billets ; à gauche, un café ; chaises et tables devant.)

SCÈNE PREMIÈRE.

MUSICIENS, SPECTATEURS des deux sexes, ensuite PROSPER.

(*Au lever du rideau, on voit sur la porte d'entrée de l'établissement des musiciens qui jouent une fanfare. La foule arrive de toutes parts.*)

CHOEUR.

Air : *Entendez-vous, c'est le tambour.*
Entendez-vous le bruit du cor
Qui de tous côtés se répète ?
A ce combat qu'on nous apprête
Hâtons-nous d'assister encor.

UN HOMME.

Eh bien ! Prosper, aurons-nous du soigné, aujourd'hui ?...

PROSPER.

Je crois bien... tenez, voilà le programme. (*Lisant.*) «Aujourd'hui dimanche, grand combat ; les plus intrépides chiens de messieurs les amateurs et ceux de la ménagerie, combattront entre eux de manière à surprendre les spectateurs... Il y aura aussi une grande quantité d'autres animaux... Deux coqs très-hargneux, arrivés d'Angleterre par le bateau à vapeur ; le risible *Peccata*, vulgairement nommé âne ; le curieux animal, nommé le Zébu, venant directement des grandes, Indes, et cætera, et cætera... Tous ces animaux, messieurs seront combattus séparément par le fameux boule-dogue Barbare, lequel s'enlevera ensuite, par la force de sa mâchoire, à plus de cinquante pieds de hauteur, dans une roue d'artifice, qui ne laissera rien à désirer au public. Le spectacle commencera dans une heure, et les amateurs trouveront, en attendant, à l'établissement, de la graisse d'ours pour les douleurs rhumatismales et la pousse des cheveux.

(Fanfare.)

REPRISE DU CHOEUR.

Entendez-vous le bruit du cor, etc.

(Pendant ce chœur, les spectateurs prennent des billets au bureau, puis se dispersent de différens côtés. Les musiciens disparaissent.)

SCÈNE II.

PROSPER, BERNARD, ROSE, avec un panier sous le bras, sortant de l'établissement.

PROSPER, les apercevant.

Ah! voilà ma Rose... Dieu! qu'elle est jolie!...

(Il reste à la regarder.)

BERNARD, à Rose.

Tu entends bien... un poisson d'eau-de-vie pour bassiner les oreilles au taureau, et une botte d'asperges pour notre souper...

ROSE.

Oui, papa, j'y vas...

PROSPER.

Ah! dites donc, mamzelle, j'y vas avec vous.

(Il s'approche.)

BERNARD, se retournant.

Tiens, qu'est-ce que tu fais donc là, Prosper?...

PROSPER.

Dam'! monsieur Bernard, je suis à mon affaire...

BERNARD.

Ah ça! toi, une observation: je t'ai déjà dit de ne pas m'appeler Bernard.

PROSPER.

Ah! c'est vrai... pardon, monsieur Goliath... c'est qu'il n'y a pas long-temps que je suis ici.

BERNARD.

A la bonne heure... Bernard, dit Goliath... c'est un sobriquet... à cause de la force physique... vois-tu... Goliath, c'était un vigoureux comme moi... un fameux géant de l'antiquité... qui a été tué en duel d'un coup de pierre... du temps de la Fronde... mais suffit... Va voir si ton boule-dogue Barbare est bien disposé pour le combat et l'ascension périlleuse...

PROSPER.

Disposé!... je crois bien... et exposé aussi... Cette pauvre bête!... c'est pas assez de le faire battre contre un tas d'enragés, faut encore l'enlever au milieu des fusées et des pétards... un beau jour il sera flambé.

BERNARD.

Laisse donc... il est assuré contre l'incendie. (*A part.*) J'y tiens plus que lui à son chien...

PROSPER, *à part.*

Mon Dieu! mon Dieu! quel métier... S'il ne m'avait pas promis sa fille. (*Haut.*) Adieu, mamzelle Rose...

(*Il rentre dans l'établissement.*)

SCÈNE III.

BERNARD, ROSE.

ROSE, *à part.*

Est-il ennuyant cet imbécille-là!...

BERNARD.

Tiens... Tu n'es pas partie, toi... Et le taureau qui attend...

ROSE, *avec embarras.*

Papa, c'est que...

BERNARD.

C'est que... Quoi?...

ROSE.

Je voudrais vous parler au sujet de mon mariage avec monsieur Prosper...

BERNARD.

Eh bien! après...

ROSE.

Non, papa, avant, parce qu'après il ne serait plus temps...

ROSE.

Air. *de Barogo.*

J' vous l' dis, au fond de l'âme
Je ne puis le souffrir,
Plutôt qu' d'être sa femme
J'aimerais mieux mourir.

BERNARD, *parlant.*

Mourir!... Allons, v'là des inconvenances puériles...

ROSE.

Suite de l'air.
Il est bête et vilain.

BERNARD.
Hein?

ROSE.
Si j'épous' ce nigaud,
BERNARD.
Oh !
ROSE.
Je n' sais pas trop, ma foi...
BERNARD.
Quoi ?
ROSE.
Ce qu'il en résultera.
BERNARD.
Ah !

Au fait, ça le regarde... Ce que je sais, c'est que je ne laisserai pas échapper un parti comme celui-là...

ROSE.

Pardine ! il est fameux... Un garçon surnuméraire... qui n'a rien du tout pour dot...

BERNARD.

Rien pour dot...Ma fille, vous divaguez...Et le boule-dogue qu'il a amené ici avec lui, le séduisant, l'enchanteur, le ravissant Barbare... C'est ça un trésor... Mais ni toi ni lui, vous n'en connaissez le prix... Êtres ignorans et vulgaires !!!

SCÈNE IV.

LES MÊMES, GOICHOT.

GOICHOT.

AIR : *L' brouillard du matin.*

Moi, j'suis toujours là,
Me voilà
Prêt déjà
Pour la fête
Qui chez vous s'apprête,
Car jamais ici
On n' se bat, Dieu merci,
Sans bientôt
Voir arriver Goichot.

(*Parlant.*) Vot' serviteur, mamzelle Rose ; bonjour père Goliath...

Suite de l'air.

J'ai là tout près un animal,
Un chien qui n'a pas son égal.
J' vous réponds qu'à plus d'un rival
Ce jour va devenir fatal :
A lui seul il en vaut bien quatre.
Qu'il me tard' de le voir combattre !
J' veux qu'il en mang' quatre !...

(*Parlé.*) Cinq, six... Le taureau, l'ours, le zébu, ça m'est égal...

ENSEMBLE.

Moi, j' suis toujours là, etc.

BERNARD ET ROSE.

Il est toujours là,
Le voilà
Prêt déjà
Pour la fête
Qui chez nous s'apprête,
Car jamais ici
On n' se bat, Dieu merci,
Sans bientôt
Voir arriver Goichot.

BERNARD.

Ah! j'étais bien sûr que monsieur Goichot ne manquerait pas à l'appel... C'est ça, un amateur qui a de fameux chiens de combat... Eh bien! mon gros, qu'est-ce qu'il y a de nouveau à Paris?...

GOICHOT.

Ma foi, pas grand' chose... Ah! si, pourtant... Une bête plus grosse que toutes les vôtres... La baleine...

BERNARD, *d'un ton méprisant.*

La baleine... Une grande arrête, une esquelette de poisson... J'aimerais mieux un roquet vivant... Elle est fièrement tombée dans l'opinion...

GOICHOT.

Laissez donc, jalousie de métier.

AIR : *Je loge au quatrième étage.*

Pour contempler c'te masse informe,
Naguère accourait plus d'un grand ;
Aujourd'hui, ce poisson énorme
Attire encor le p'tit chaland,
Car ça ne coûte plus qu'un franc.

BERNARD.

En vérité, c'est trop risible,
Ces gaillards-là comme ils ont l' fil ;
Au mois d'août est-il possible
Qu'on vous donne un poisson d'avril !

Ces pauvres Parisiens, comme on les subtilise!... Des Osages, des Chinois, des baleines!... En ont-ils avalé de toutes les couleurs... Et tout ça passe sans qu'ils s'en aperçoivent...

GOICHOT.

Ah! ça, c'est bien vrai... Mais, minute, il s'agit pour le quart-d'heure de choses plus intéressantes.

ROSE, *à part.*

Bon !... J'espère enfin qu'il va parler à papa.

GOICHOT.

Ah! ça, père Goliath, nous sommes d'anciennes connaissances, tous les deux ; des amis, pas vrai?...

BERNARD.

Je crois bien... Depuis dix-huit mois vous ne manquez pas un dimanche de venir faire votre partie.

GOICHOT.

Vous savez que je suis un bon enfant... un homme établi...
premier garçon chez le plus gros boucher du faubourg.... Eh
ben ! je voudrais encore être autre chose... Et il m'est venu
là-dessus des idées... ainsi qu'à mamzelle Rose que v'là...

BERNARD.

Tiens, tiens, vous avez eu des idées ensemble...

ROSE.

Dame ! papa, il n'y a pas de mal...

GOICHOT.

Oh! c'est pour le bon motif da! Ah! père Goliath... Si
ous ne nous unissez, j' crois qu' j'en perdrai la tête ; je n' sais
lus c' que j' fais dans mon étal.

AIR *de Téniers.*

> Pour du pal'ron j' sers de la tranche,
> Pour du gîte j' donn' du filet,
> Et si j' veux couper une éclanche,
> Ma main vacille en levant le coupret.
> Sur cinq quartrons hier dans la balance,
> Tout en rêvant à son gentil minois,
> J'ai mis à peine une onc' de réjouissance...
> Guerdin d'amour, tu ruin'ras mon bourgeois !

Faut que je d' vienne vot' gendre.

BERNARD.

Mon gendre !... En v'là bien d'une autre... Et moi qui ai
romis !... La situation se complique...

ROSE.

Oh ! papa, je vous en prie...

BERNARD.

Tu m'en pries ! Tu as beau me câliner, tu sais bien que
rosper a ma parole.

GOICHOT.

Prosper ? Comment, c'est à ce petit moucheron-là que vous
oudriez donner un pareil phénix ?

BERNARD.

C'est lui, qui en a un phénix... et un soigné, encore... Le
oule-dogue Barbare.

GOICHOT.

Qui a débuté dimanche dernier ?... Un joli cadet...

BERNARD.

Oui... Eh bien ! vous allez voir aujourd'hui... C'est lui qui
ait tous les frais de la représentation. Quatre rôles, rien
ue ça. Il combattra tour-à-tour le boule-dogue Maroquin,
ı terrible ourse géante, le curieux Zébu, et il s'enlevera dans
n feu d'artifice pour le bouquet... Aussi, dès que le bour-
eois que je représente ici sera revenu de sa tournée, je ferai
ngager définitivement le susdit animal, que mon gendre me
onne comme cadeau de noce...

Air *de Marianne.*

Sans intriguer il ira vite :
D'abord, dans les commencemens,
Il aura, grâce à son mérite,
De fort jolis appointemens ;
Puis, que son nom
D'vienne en renom,
Comme un acteur à réputation,
Il obtiendra
Tout c' qu'il voudra,
Un bénéfic', des feux, et cætera...
Enfin, j' veux, l'avançant en grade,
L' mettre au rang des premiers sujets,
Et cependant il n' s'ra jamais
En congé ni malade.

SCÈNE V.

LES MÊMES, PROSPER.

PROSPER, *accourant.*
Monsieur Goliath ! monsieur Goliath !...

BERNARD.
Heim ?... Qu'est-ce que c'est ?

PROSPER.
Un fier malheur, allez !

BERNARD.
Ah ! est-ce que le curieux zébu aurait ses maux de nerfs ?

PROSPER.
Non, c'est Maroquin qui est sur le flanc.

BERNARD.
Encore une indisposition !... et lui qui est sur l'affiche, qui doit combattre à outrance contre Barbare..... Ah ! mon Dieu ! comment faire ?

GOICHOT.
Eh bien ! est-ce que je ne suis pas là ?

BERNARD.
Vous ?

GOICHOT.
Vous savez bien l'animal dont je vous parlais tout-à-l'heure... C'est votre affaire, vlà le remplaçant de Maroquin.

BERNARD.
Ah ! mon ami, mon cher ami, quel service ! Vous me rendez la vie.

(*Il lui saute au cou.*)

PROSPER.
Ah ! mais, doucement, je n'expose pas comme cela ma propriété contre un inconnu...

GOICHOT.
Un inconnu !... mon chien ! Malino Faliero.

BERNARD.

Malino Faliero... Je connois ça ;. un dogue d' Venise.

PROSPER.

Par exemple !... un étranger, un sournois, qui se battrait
en traître.

GOICHOT.

Ah ! le vlà déjà qui cagne.

PROSPER.

Moi ?

BERNARD.

Oui, oui, tu cagnes.

ROSE.

Il est si poltron !...

PROSPER.

Poltron ! eh bien ! nous allons voir. (*En ce moment Desjardins paraît dans le fond, s'arrête et écoute.*) Ne croit-il pas
m'effrayer parce qu'il a des chiens gros comme des ânes !....
Barbare est un animal qui ne craint personne, un gaillard
d'une force, d'une vigueur.... il a six dents de plus que les
autres.

BERNARD.

C'est vrai, sans compter qu'il a sur le dos un tas de petits
dessins variés et pittoresques.... c'est une lithographie am-
bulante.

GOICHOT.

Tout ça n'empèche pas qu'il sera avalé comme une pil-
lule.

PROSPER.

Avalé !... ça m'est égal, j'accepte le combat. (*A part.*)
Quoiqué ça, j'ai fameusement peur tout d'même.

Air *de la Mazourka.*

Allons,
Partons,
Dépêchons,
Courons vite
Où l'honneur nous invite.
Il faut ici
Qu'aujourd'hui
Le combat
S' termine avec éclat.

GOICHOT.

J' vas chercher mon chien,
A revenir je serai leste.

PROSPER.

D' la voix et du geste
Moi j' m'en vas agacer le mien.

ROSE.

Ah ! si Malinot
Triomph' tantôt,
Bonheur extrême !

BERNARD.
Ça s'rait drôle, tout d' même,
Si d' mon gendre il mangeait la dot.
TOUS.
Allons,
Partons, etc.

(*Goichot sort par la gauche, Rose par la droite ; Prosper rentre dans l'établissement, Bernard va pour le suivre.*)

SCÈNE VI.

BERNARD, DESJARDINS.

DESJARDINS, *s'avançant et arrêtant Bernard par le bras.*
Pardon, monsieur, deux mots.... Si je ne me trompe, vous êtes attaché aux animaux ?
BERNARD.
Oui, monsieur, par état et par affection.

AIR : *Adieu, je vous fuis, etc.*

C'est moi qui du geste et d' la voix
Excit' nos braves dans l'arène ;
C'est moi, lorsqu'ils sont aux abois,
Qui les sépare et les entraîne.
Bref, j'entour' de soins peu communs
Des artistes comme les nôtres ;
Je coupe les oreill's aux uns,
Et je les raccommode aux autres.

DESJARDINS.
C'est fort bien, je ne pouvais pas mieux tomber pour un petit arrangement que je veux faire.
BERNARD
Est-ce que par hasard monsieur aurait un chien à faire combattre ? La lice est ouverte pour messieurs les amateurs.
DESJARDINS.
Pas si bête ; je n'ai pas envie d'exposer mes quadrupèdes... Monsieur, je suis Desjardins, rentier à Pantin, et ci-devant professeur d'histoire naturelle au musée de Pontoise.
BERNARD.
Pontoise, près Paris..... pays célèbre, d'où viennent les veaux.

DESJARDINS.
En effet, c'est un pays de veaux ; mais il n'est pas question d'eux pour le moment.... c'est du fameux boule-dogue...
BERNARD.
Barbare ?
DESJARDINS.
Oui, monsieur, Barbare... vous lui prêtiez tout-à-l'heure des qualités.

BERNARD.

Je ne les lui prêtais pas, elles sont bien à lui…. Noble animal ! il n'a pas son pareil dans tout Paris !

DESJARDINS.

En vérité !

BERNARD.

Parole d'honneur ; c'est un chien miraculeux, un chien romantique.

Air : *L'aigle cherche-t-il la fauvette ?*

Par la force de sa mâchoire
Il s'élève à cinquante pieds ;
De sa vigueur et de sa gloire
Ses camarad's sont humiliés ;
Partout il aurait la victoire,
Et c'pendant on pourrait trouver
Des gaillards qui, par la mâchoire,
Savent joliment s'élever.

C'est mordant.

DESJARDINS.

Ah ! ça, monsieur, à quoi peut tenir une force aussi extraordinaire ?

BERNARD.

A quoi tient sa force ? dame, à sa vigueur. C'est un don de la bienfaisante nature.

DESJARDINS.

Moi je crois plutôt que c'est une exception, une erreur de cette même nature.

BERNARD.

Une erreur !… du tout.

DESJARDINS.

Permettez, en ma qualité d'ancien professeur, je dois mieux m'y connaître que vous.

BERNARD.

Par exemple ! moi qui passe ma vie au sein des quadrupèdes, qui mange, qui bois, qui cause avec les bêtes.

DESJARDINS.

Vous entendez leur langage ?

BERNARD.

Comme le vôtre.

DESJARDINS.

Cependant si j'en crois M. de Buffon….

BERNARD.

Qu'est-ce que ça me fait, monsieur de Buffon ?… j'en sais plus long que lui là-dessus… Il savait le français, le latin, l'hébreux, c'est possible ; mais moi, je sais l'ours, le tigre, le taureau, le zébu même, qui ne parle qu'indien…

DESJARDINS.

Comment ! tous ces animaux-là ont des langues particulières !…

BERNARD.

J' crois bien... La langue de veau surtout est une langue fort agréable... Tenez, revenons au zébu. Quand il me fait, *hou!* ça veut dire : monsieur Goliath, j'ai faim ; *hi!* monsieur Galiath, j'ai soif ; *houin!* monsieur Goliath, je vous remercie infiniment... car ici, ce n'est pas comme dans les autres administrations, les bêtes sont très-polies....

DESJARDINS, *à lui-même.*

Dans le fait, tout cela est bien possible, car nous ne sommes pas parfaitement d'accord sur ce point, monsieur de Buffon et moi...

BERNARD.

Tenez, il n'y a pas jusqu'au boule-dogue Barbare... il n'est ici que depuis un mois, et nous avons déjà ensemble des conversations très-suivies ; il est plein d'esprit cet animal-là.

DESJARDINS.

Raison de plus pour que je tienne à le voir figurer dans ma ménagerie de Pantin...

BERNARD.

Comment! dans votre ménagerie?

DESJARDINS.

Oui, monsieur, j'en ai un magnifique, où je placerai l'adrable Barbare, entre un beau chat qu'on m'a apporté de Perse, et un grand lézard de Bondy, ce qui m'arrangera fort, car cette loge est occupée pour le moment par un chien russe qui est toujours en querelle avec le chat de Perse.

BERNARD.

Et vous croyez bonnement qu'on laissera sortir un pareil artiste de l'établissement?

DESJARDINS.

Dam'! pour une somme honnête!

BERNARD.

Laissez donc! vous donneriez votre chien, votre chat, votre lézard, et vous par dessus le marché, que vous ne l'auriez pas encore...

DESJARDINS.

Allons donc...

BERNARD.

D'ailleurs, il n'est ni à moi, ni au bourgeois, il appartient à Proper.

DESJARDINS.

A Prosper!

BERNARD.

Un garçon surnuméraire, qui n'a que lui pour toute fortune.

Air *du Verre.*

Mais je vais bientôt l' posséder,
C' fameux chien...

DESJARDINS.

Que viens-je d'entendre?
Il consent à vous le céder?

BERNARD.

Parc' qu'il veut devenir mon gendre.
J' lui donn' ma fille, il m' donne son chien.

DESJARDINS.

A ce prix il va s'en défaire!...
Ah! dans certains momens combien
L'on se trouve heureux d'être père!

SCÈNE VII.

LES MÊMES, MADAME HUBERT ET MATHILDE.

MADAME HUBERT, *en entrant.*

Enfin, nous voici arrivées. (*Apercevant Desjardins.*) Eh!
bien, monsieur Desjardins, avez-vous...

DESJARDINS.

Tiens, vous voilà déjà, ma voisine?

MADAME HUBERT.

Comment, déjà? le spectacle commence dans une demi-
heure, et quand je paie, je veux tout voir...

BERNARD.

La bourgeoise a raison, il ne faut pas perdre un coup de
dent.

MADAME HUBERT à *Desjardins.*

Où sommes-nous placées?

DESJARDINS.

Ma foi je n'ai pas encore pu prendre connaissance des lo-
calités.

MADAME HUBERT.

Par exemple! vous partez deux heures d'avance pour nous
retenir des places...

DESJARDINS.

Mais, ma chère madame Hubert...

MADAME HUBERT.

A quoi avez-vous passé votre temps?

DESJARDINS.

A herboriser dans les fossés du boulevard, et à parler
science avec monsieur.

MADAME HUBERT.

Et ma banquette sera prise, nous n'aurons pas de places...
C'est affreux!

BERNARD.

Soyez donc tranquille, il y en a toujours pour les habituées
comme vous; je vas charger la marchande de croquets de
vous en garder.

MADAME HUBERT.

Ah ! vous serez bien gentil.... où je me mets ordinairement, vous savez.... le troisième poteau à gauche.

BEBNARD.

En face de l'ours blanc...

DESJARDINS, *à Bernard qui rentre.*

Monsieur, monsieur, je vous suis.

MADAME HUBERT.

Comment, M. Desjardins, maintenant vous nous quittez ?

DESJARDINS, *dans le fond.*

Tout-à-l'heure, je suis à vous, je vais voir un animal curieux que je voudrais à tout prix... la science avant tout, ma voisine. (*Avec intention.*) Avant tout.

(*Il entre dans l'établissement.*)

SCÈNE VIII.

MADAME HUBERT , MATHILDE.

MADAME HUBERT, *à part.*

Eh bien ! il est aimable... Si cela continue , je serai bientôt forcée de me choisir un autre cavalier, il n'est plus bon à rien... Ah ! si mon petit neveu Achille était ici!.. c'est lui qui est galant ; mais depuis un an, il est lancé dans le grand monde et je ne le vois presque plus. (*Haut.*) Ah ! ça, ma fille, je n'ai pas besoin de vous recommander la plus grande décence au spectacle , prenez exemple sur moi.

AIR *du Premier Prix.*

Autour d'elle une fille sage
Ne doit jamais porter les yeux ;
Regarder un homme à votre âge,
Est un tort grave et dangereux ;
Mais voir, sur un âne qui tremble,
Deux gros chiens essayer leurs dents ,
Puis après s'étrangler ensemble,
Voilà des plaisirs innocens.

A propos, voyons donc la composition du spectacle , car je n'ai pas encore eu le temps....

(*Elle se dirige avec Mathilde vers le fond du théâtre.*)

SCÈNE IX.

MADAME HUBERT, MATHILDE, *occupées à lire l'affiche,* ACHILLE, *donnant le bras à une grande femme.*

ACHILLE, *une cravache à la main, un lorgnon en sautoir, etc.*

Par ici, sénora, par ici. (*Il fait le tour du théâtre en lorgnant.*) Charmant ! délicieux ! parole d'honneur.... où est donc la porte de l'établissement?... Ah! voici une affiche. (*Il cherche à regarder derrière madame Hubert.*) Pas moyen... cette grosse dame est collée dessus... on devrait faire les affiches plus larges.... Madame, j'ai l'honneur de vous faire observer que vous m'interceptez le rayon visuel.

MADAME HUBERT, *se retournant.*

Hein!... comment?... tiens c'est mon petit neveu!

ACHILLE.

Eh! c'est ma grosse tante!... Voulez-vous permettre... (*Il va pour l'embrasser, en se haussant sur la pointe du pied.*) La main, c'est plus commode. (*Il lui baise la main.*) Bonjour, cousine Mathilde.

MADAME HUBERT.

Ah! ça, qu'est-ce que tu deviens donc, Achille? Voilà trois mois qu'on ne t'a vu.

ACHILLE.

Écoutez donc, ma tante, le monde m'accapare... des bals, des raouts, des concerts, des comédies de société... Je suis l'homme essentiel de toutes les réunions joyeuses, l'idole des femmes et le cauchemar des maris.... Ah! mon Dieu, ma tante, j'oubliais... permettez que je vous présente madame la marquise Dolorosa de Catalpa.

MADAME HUBERT, *à part.*

Une marquise!

ACHILLE.

C'est une sénora de la plus haute naissance.... une grande de Portugal, dont je suis le cicérone, le Sigisbé.

MADAME HUBERT, *faisant la révérence.*

Madame, je suis enchantée....

ACHILLE, *l'arrêtant.*

Ne vous donnez pas la peine, madame la marquise ne sait pas encore un mot de français, mais ça viendra... C'est moi qui dirige ses études; je lui donne des leçons de grammaire, de chant, de danse, de grâces parisiennes; aussi, regardez-la, comme elle profite.

MADAME HUBERT.

En vérité, mon garçon, je ne te connaissais pas tous ces talens là.

ACHILLE.

Oh! dame, ma tante, je me développe; je danse maintenant l'allemande, la galopade, la mazourka. Je joue de la contre-basse, je monte à cheval comme Franconi, je chante le français, l'italien, l'allemand.... J'ai une basse-taille magnifique.

(*Il fredonne un air italien.*)

MADAME HUBERT.

C'est vraiment un petit prodige que ce garçon-là.

ACHILLE.

Je crois bien... ausssi on a voulu m'engager à l'Opera-Buffa pour doubler madame Malibran dans *Tancrède ;* mais je ne veux pas monter sur les planches, j'aime mieux voir le spectacle pour mon argent. Cependant les théâtres de Paris sont bien incommodes; je suis toujours mal placé, j'ai des querelles avec mes voisins... ça n'arrive qu'à moi... enfin, j'étais l'autre jour au Cirque-Olympique à voir l'éléphant, on m'appelle chameau... Aussi, je ne marche plus sans ma cravache, pour couper la figure au premier insolent... Y en a-t-il ici, ma tante, des insolens?

MADAME HUBERT, *riant.*

Mauvaise tête!

(*Il agite sa cravache d'un air menaçant.*)

ACHILLE.

C'est que je ne me laisserais pas marcher sur le pied..... aujourd'hui surtout que j'ai une dame sous le bras. Soyez tranquille, madame la marquise, je suis votre protecteur, et pnisque vous m'avez choisi pour vous conduire à la barrière du Combat....

MADAME HUBERT.

Ah! madame est donc aussi amateur de ce genre de spectacle?

ACHILLE.

Parbleu! puisqu'elle est Portugaise.

AIR *des Scythes.*

Dans sa patrie, à Coïmbre, à Lisbonne,
Madame a vu plus d'un combat sanglant,
Et maintenant ici vient en personne
Pour comparer... Mais fort heureusement
Elle y perdra, car c'est bien différent :
On ne voit pas de ces luttes atroces
Dans le pays de la grâce et du goût,
Et, j'en suis sûr, pour les bêtes féroces,
Elle dira : Mon pays avant tout...

SCÈNE X.

LES MÊMES, BERNARD.

BERNARD, *sortant de l'établissement.*

Vlà c'que c'est. (*A madame Hubert.*) Vos places sont marquées.

MADAME HUBERT.

Et monsieur Desjardins?

BERNARD.

Il va venir; il est en société avec Prosper et Barbare. (*Apercevant Achille.*) Oh! c'te tête! il ressemble au zébu.

3

ACHILLE.

Eh bien! qu'est-ce qu'il a donc à me dévisager comme ça l'homme du peuple? Est-ce qu'il me prend pour une bête curieuse?

BERNARD.

Monsieur, ne vous fâchez pas, je suis le gérant de l'établissement, et je respecte le public, sous quelque forme qu'il se présente.

SCÈNE XI.

LES MÊMES, **DESJARDINS**, **PROSPER**, *sortant ensemble de l'établissement*, puis **GOICHOT**,

PROSPER, *bas à Desjardins*.

Surtout, monsieur, n'en dites rien, parce que dans le premier moment ça le fâcherait.

DESJARDINS.

Soyez tranquille, mon garçon.... Oh! je suis d'une joie....

MADAME HUBERT.

Ah! vous voilà donc enfin, monsieur Desjardins, j'ai cru que vous ne reviendriez plus.

DESJARDINS.

Au fait, c'était bien possible, avec des bêtes féroces on n'est pas toujours sûr.

ACHILLLE, *le saluant*.

Bonjour, monsieur Desjardins...

DESJARDINS

Tiens, c'est le petit Achille... Comme il est grandi!

ACHILLLE.

Je crois bien. (*A part.*) J'ai des talons de six pouces.

(*Il cherche à se hausser.*)

BERNARD.

C'est ça, redressez-vous... Attendez que je vous aide.

(*Il va pour le prendre à bras le corps.*)

ACHILLE, *lui donnant un coup de cravache sur les doigts*.

Pas de gestes, l'homme! à bas les mains!

GOICHOT, *paraissant sur le seuil de la porte*.

Eh! ben, papa Goliath, y sommes-nous? il est l'heure.

BERNARD.

Tiens, par où donc que vous êtes entrés, vous?

GOICHOT.

Par la porte de la ruelle.

BERNARD.

Et Malino Faliero?

GOICHOT.

Il est là qui attend... Dis donc Prosper, je te conseille de dire à ton boule-dogue de faire bien vite son testament... j'voudrais pas être dans sa peau...

PROSPER.

Qu'est-ce que ça me fait, à moi ! je m'en moque pas mal, maintenant.

GOICHOT.

Pauvre petit Barbare, quelle danse il va recevoir !...

DESJARDINS, *quittant tout-à-coup madame Hubert avec laquelle il causait.*

Hein ! comment, Barbare ?...

BERNARD.

Allons, vous autres, au lieu de vous disputer, à notre af-faire ! (*Élevant la voix.*) Les musiciens, à votre poste.

(*Il se dirige vers l'établissement avec Prosper ; Goichot rentre.*)

ACHILLE, *offrant son bras à la dame.*

Charmante Dolorosa, je suis à vos ordres ; nous allons as-sister au trépas de Barbare !

DESJARDINS, *voulant courir après eux.*

O ciel ! il se pourrait... Messieurs, messieurs, permettez...

MADAME HUBERT, *l'arrêtant.*

Par exemple, monsieur Desjardins, c'est trop fort, je ne vous lâche plus.

(*Elle se cramponne à son bras.*)

DESJARDINS, *se débattant.*

Mais, ma chère madame Hubert, il faut absolument que j'éclaircisse...

(*En ce moment, les musiciens, qui paraissent sur la porte, commencent une fanfare qui couvre la voix de Desjardins. Celui-ci, en se débattant, parvient à s'échapper et entre précipitamment dans l'établissement. Madame Hubert court après lui suivie de Mathilde. La foule arrive de tous côtés et entre précipitamment.*)

FIN DU PREMIER TABLEAU.

DEUXIÈME TABLEAU.

*

(Le théâtre change et représente l'intérieur de l'établissement du combat;
à gauche l'entrée du cirque. L'arène est entourée de gradins élevés
garnis de spectateurs. Au fond, au-dessous des gradins, sont des loges
d'animaux, à travers les barreaux desquelles on aperçoit des ours noirs
et blancs qui se dandinent. Au changement de décor, on voit, au milieu de l'arène, deux coqs qui s'observent et ne bougent pas.)

SCÈNE PREMIÈRE.

MADAME HUBERT, MATHILDE, *à droite, au premier rang
des gradins;* ACHILLE ET LA PORTUGAISE, *dans la
galerie en face, derrière des hommes qui leur cachent la vue
du cirque;* SPECTATEURS ET SPECTATRICES, *les
uns assis, les autres debout;* UNE MARCHANDE DE
PLAISIR, etc.

(Le public murmure.)

QUELQUES VOIX.

Assez, assez, les coqs!

LA MARCHANDE DE PLAISIR, *parcourant la galerie.*

Voilà le plaisir, mesdames, voilà le plaisir!

LES VOIX.

Assez, assez donc!...

ACHILLE.

Par exemple, assez... Ils sont bons enfans... je n'ai encore
rien vu, moi. (*Aux hommes qui sont devant lui.*) Messieurs,
faites-moi le plaisir de vous effacer un peu... vous me cachez
les coqs, ainsi qu'à madame.

QUELQUES VOIX.

A bas, les coqs!

ACHILLE.

Du tout... Je réclame, je veux les voir... Messieurs, je vous
répète que vous nous gênez... Messieurs, si vous ne m'écoutez pas, je me fâche... je vais me rendre désagréable.... Ah!
c'est comme ça..... je vais vous pincer les mollets..... je vais
vous éculer vos souliers.... attendez! attendez....

DEUXIÈME SPECTATEUR, *se retournant.*

Qu'est-ce qu'il a donc cet oiseau là?

ACHILLE, *cherchant à avancer.*

Saperlote! vous me ferez de la place, ou je vous culbute
dans le cirque.

DES VOIX.

Ohé! ohé! le bossu....

ACHILLE, *montant sur son banc.*

Qui est-ce qui a dit : Ohé! le bossu?

LES VOIX.

A la porte! à la porte.

ACHILLE, *furieux.*

A la porte! venez donc m'y mettre... (*Jetant son gant dans l'arène.*) Qui est-ce qui le ramassera?

TOUT LE MONDE *riant.*

Ah! ah! ah!

PREMIER SPECTATEUR.

Aura-t-il bientôt fini, ce vilain dromadaire!

(*Nouveaux rires.*)

ACHILLE.

C'est trop fort...Place ! place!... nous allons voir. (*Il saute dans l'arène.*) Venez-y donc maintenant, je vous défie tous.

TOUT LE MONDE.

Ohé! ohé! ohé!

(*Houra général.*)

PREMIER SPECTATEUR.

Qu'on amène les grosses bêtes!

ACHILLE, *effrayé.*

Les grosses bêtes !... Je n'en suis plus.

(*Il se dirige vers la porte en courant.*)

TOUT LE MONDE.

Les grosses bêtes ! les grosses bêtes!

SCÈNE II.

LES MÊMES, BERNARD, *en costume de service, toque verte avec une plume dessus, juste-au-corps jaune, pantalon rouge.*

(*Il est suivi de Prosper et de trois autres garçons.*)

Nous v'là , messieurs.... (*Il se heurte avec Achille.*) Oh! qui est-ce qui a lâché cela sans mon ordre?... Tiens, c'est vous, bourgeois?

PREMIER SPECTATEUR.

Emporte donc tes coqs.... ils sont malades.

BERNARD.

Mes coqs?... vous allez voir. (*Les excitant.*) Allons, mes enfans, courage!... kss!... kss!.. Voyez-vous comme ils s'observent.... ah! les gaillards...

ACHILLE.

Fameux gaillards... ils ne bougent pas de place, vos coqs... ça m'a l'air de deux poules mouillées.

DES VOIX.

A bas les coqs!

TOUS.

Barbare ! Barbare !

BERNARD.

Messieurs, messieurs, du calme je vous en supplie, vous allez être satisfaits. (*Ramassant les coqs.*) Prosper, va chercher Barbare.

PROSPER, *à part.*

Diable, vlà le moment critique. (*Haut.*) Monsieur Goliath, c'est que...

BERNARD, *à demi-voix.*

Veux-tu bien te taire et obéir au public. (*Lui remettant les coqs.*) Reporte ces petits animaux chez eux, et amène sur-le-champ... (*En ce moment on entend un grand bruit à la porte de l'arène.*) Eh ! bien ! eh ! bien ! qu'est-ce que c'est que ça ?

SCÈNE III.

LES MÊMES, DESJARDINS, GOICHOT, ROSE.

(Pendant cette scène, Achille s'amuse dans le fond à examiner les loges d'animaux, et excite les ours qui lui allongent de temps en temps des coups de pattes à travers les barreaux.)

DESJARDINS, *entrant le premier d'un air fort en colère.*

Non, monsieur, non, il ne combattra pas.

GOICHOT, *entrant avec un chien énorme qu'il tient en laisse.*

Mais, mon brave homme, ça n'a pas de bon sens... (*Montrant son chien.*) Vlà Malino Faliéro qui n'attend plus que lui.

DESJARDINS.

Ça m'est égal, je viens de l'enfermer.

BERNARD.

Qui ça donc ?

DESJARDINS.

Eh ! parbleu, Barbare, mon chien, ma propriété. .

BERNARD.

Barbare, votre propriété !...

DESJARDINS.

Oui, monsieur, je l'ai bien acheté et payé comptant tout-à-l'heure, à votre jeune homme que voici.

BERNARD, *à Prosper.*

Comment ! tu aurais eu le malheur !...

PROSPER.

Dam ! M. Goliath, avec ses cinq ou six combats et son ascension, il n'y avait pas moyen aujourd'hui qu'il en réchappe, et je me suis dit : C'est toujours ça de gagné.

BERNARD, *furieux.*

Ah ! scélérat, me v'la perdu, déshonoré... Tu n'auras pas ma fille, c'est l'honnête Goichot...

PREMIER SPECTATEUR , *dans le fond.*

Ah ! ça , avez-vous bientôt fini votre colloque , vous autres ?

TOUS.

Allons , allons donc !...

BERNARD , *hors de lui.*

Messieurs , excusez moi... Ma position est affreuse... Je suis suffoqué...

PREMIER SPECTATEUR.

C'est pas ça qu'on demande , c'est Barbare...

BERNARD , *d'une voix étouffée.*

Il n'est plus à nous !

TOUT LE MONDE.

Ah !

BERNARD , *montrant Desjardins.*

Il appartient à ce brave citoyen , et à moins qu'il n'y donne son consentement...

DESJARDINS.

Mon consentement ! Je vous en souhaite.

MADAME HUBERT.

J'espère bien , M. Desjardins , que vous ne ferez pas manquer la représentation pour si peu de chose.

DESJARDINS , *montrant le chien de Goichot.*

Si peu de chose ! Un quadrupède de cette dimension-là...

PREMIER SPECTATEUR.

Allons donc , bonhomme , de la galanterie pour le sexe...

DESJARDINS , *levant la tête.*

Hein ! Qu'est-ce qui m'interlocute là haut ?...

GOICHOT , *élevant la voix.*

Messieurs et dames , si c'est un effet de votre bonté , v'là un chien qui n'est pas manchot , et qui pourrait remplacer l'autre...

TOUS.

Non , non , Barbare !

MADAME HUBERT , *se levant brusquement.*

Barbare ! ou notre argent !

TOUS.

Barbare ! ou notre argent !

CHOEUR.

AIR *de Rossini.*

Quel événement !
Ah ! c'est vraiment
Abominable.
Il faut , à l'instant ,
Que l'on nous rende notre argent.

BERNARD , *courant çà et là en gesticulant pour obtenir du silence.*

Messieurs , messieurs , daignez m'écouter...

TOUS.

Non , non...

(*Les cris redoublent. La confusion est à son comble.*)

BERNARD, *dans le plus grand trouble.*

Ah! mon Dieu! v'là qu'ils arrachent les banquettes... Ils vont me lancer des projectiles. Public, mon aimable public, je demande la parole... Vous me lapiderez après, si ça peut vous être agréable...

(Le public murmure.)

PREMIER SPECTATEUR.

Taisez donc vos langues, vous autres...

PLUSIEURS VOIX.

Silence! silence!

(Pendant que le calme se rétablit, Bernard parle à l'oreille de Prosper qui sort avec les autres garçons.)

BERNARD.

C'est donc pour vous dire que j'ai reçu hier des îles Canaries un petit animal d'une construction fort originale. Cet animal, messieurs, je ne comptais vous l'offrir que dimanche prochain, en doublant le prix des places; mais, vu l'accident d'aujourd'hui, je vais faire un sacrifice, et le livrer à l'admiration générale, sans qu'il vous en coûte un simple centime de plus... Ça vous arrange-t-il, ô mon public?

DES VOIX.

Bravo!... Bravo!...

ACHILLE.

Je suis sûr que ce n'est rien du tout, son animal... Quelque mauviette.

BERNARD.

Une mauviette!... Vous allez voir... (*Allant vers le fond.*) Introduisez la petite bête.

SCÈNE IV.

TOUS LES PERSONNAGES, UN ÉLÉPHANT.

(Il est précédé par des musiciens; deux nègres sont à ses côtés; Prosper et les autres garçons de l'établissement ferment la marche.)

CHOEUR GÉNÉRAL.

AIR *du Baril d'Olives.*

De l'éléphant, célébrons la puissance,
La majesté, la grâce et les attraits.
Partout, son énorme présence
Devient le gage du succès.

(L'éléphant fait le tour du théâtre, puis s'arrête au milieu, la tête tournée du côté du public.)

BERNARD.

Bien... Garçons, servez le repas de sa hautesse!

DESJARDINS.

Vous appelez ça une hautesse...

BERNARD.

Je crois bien; il est assez grand pour ça...

(On apporte une table chargée de différens objets.)

ACHILLE.

Comment! il va dîner, l'animal?...

BERNARD, *donnant une serviette à Achille.*

Faites-moi l'amitié de lui mettre sa serviette... Oui, messieurs, il va dîner comme un bon bourgeois... Il n'est pas fier... Attention!... Vous n'êtes pas sans avoir vu l'Eléphant du roi de Siam, chez M. Adolphe Franconi. Il dîne aussi, celui-là... Mais qu'est-ce qu'il mange?... De la galette, des petits pâtés, et autres futilités du genre... Quelle petitesse!... De la galette, j'en mange ; (*montrant Desjardins.*) monsieur en mange, vous en mangez tous... Mon éléphant, messieurs, rougirait de s'arrêter à ces misères-là ; il prend une nourriture moins commune et beaucoup plus solide... il mange des pavés.

TOUT LE MONDE.

Des pavés!...

BERNARD.

Comme des petits radis... Allons, monseigneur... Première entrée...

(*Il lui fait avaler un pavé.*)

TOUS.

Bravo! bravo!

ACHILLE.

Vous allez lui donner la pierre...

BERNARD.

Ce n'est rien que ça. (*A l'éléphant.*) Votre hautesse a-t-elle soif... (*L'éléphant remue la trompe.*) Son altesse a soif...

DESJARDIN, *montrant Bernard.*

Il paraît qu'il sait aussi l'éléphant...

BERNARD, *une bouteille à la main.*

Vous croyez peut-être qu'il va boire un simple coup... comme son compatriote du Boulevard... Mieux que cela... Il va boire la bouteille...

(*Il lui fait avaler la bouteille.*)

DESJARDINS.

Ah! ça! vous voulez donc l'étrangler, cet animal?

BERNARD.

Laissez donc : il a un estomac d'autruche. (*A Achille.*) Prêtez-moi votre chapeau.

ACHILLE, *en riant.*

Mon chapeau? Il est trop petit pour lui, il ne peut pas lui aller...

BERNARD.

Pardonnez-moi, il lui ira très-bien.

(*Il prend le chapeau d'Achille, l'applatit et le fourre dans la bouche de l'éléphant qui l'avale.*)

TOUT LE MONDE, *riant.*

Ah! ah! ah!

ACHILLE, *se fâchant.*

Ah! mon **Dieu**, mon chapeau... Un chapeau de soie de
16 francs... Le voilà perdu...

BERNARD.

Ça se retrouvera. (*Prenant le parapluie de Desjardins.*) Attendez ; il avale des baleines, et la preuve, la voilà...

(*L'éléphant avale le parapluie.*)

CHOEUR GÉNÉRAL.

Air de *la Ronde de Saint-Malo.*

Quel animal,
Il est sans rival ; ⎫
Cet original ⎬ (*bis.*)
N'a pas d'égal. ⎭

BERNARD, *montrant le ventre de l'éléphant.*

Voyez cette ampleur extrême,
Il digèr' tout c' qui lui plaît ;
Il serait capable même
De digérer... le budget.

CHOEUR.

Quel animal, etc.

BERNARD.

R'gardez le, c'est mon élève...
(*Faisant boire* Aval' du vin, mon enfant,
l'éléphant.) T'auras d' l'eau, si l'on achève
La fontaine de l'éléphant...

(*Reprise du chœur.*)

GOICHOT.

L'autre jour au mélodrame,
J' conduis mon chien ; mais voici,
Dès que le traître déclame,
Qu'il s' met à hurler comme lui.

(*Reprise du chœur.*)

ROSE.

C'était moi qui d'ordinaire,
D' notr' cerf prenais soin ici ;
Mant'nant c'est plus mon affaire,
Faut que j' prenn' soin d' mon mari.

(*Reprise du chœur.*)

PROSPER.

On dit tout's les dam's légères,
J' trouv' ça bien bien injuste, car
J'en connais qui n' le sont guères :
C'est les dam's blanch's du boul'vard.

(*Reprise du chœur.*)

ACHILLE.

On a la boss' de la science,
De la joie ou du chagrin,
Mais la plus commune, en France,
C'est la bosse de l'hymen.

(*Reprise en chœur.*)

DESJARDINS.
J'ai dans mes ménageries
Un merle noir très-savant,
Mais je ferais des folies
Pour avoir un merle blanc.
(*Reprise en chœur.*)

ACHILLE, *s'avançant pour parler au public, et se plaçant devant
l'éléphant.*

Messieurs...

BERNARD, *l'arrêtant.*

Otez-vous donc de là, bourgeois, vous cachez l'animal...

ACHILLE.

Tant mieux... Je veux l'éclipser...

(*Chantant.*)
Messieurs, daignez tous en foule,
Ici revenir encor,
Que l'éléphant soit la poule...
(*L'éléphant l'enlève avec sa trompe.*)

BERNARD.

Là... c'est bien fait... Ah! ça, qu'est-ce que vous venez
nous chanter là?... Que mon éléphant soit une poule...

ACHILLE.

Vous voyez bien qu'il y a un sens suspendu...

Que l'éléphant soit la poule...
Pour nous la poule aux œufs d'or.

CHOEUR.

Quel animal, etc.

FIN DU DEUXIÈME ET DERNIER TABLEAU.